C’est moi, François

De la même autrice

Signora Auschwitz
Le don de la parole
(traduit de l'italien par Patricia Amardeil)
Éditions Kimé, 2015

Qui t'aime ainsi
(traduit de l'italien par Patricia Amardeil)
Éditions Kimé, 2017
Points, 2022

Lettre à ma mère
(traduit de l'italien par Patricia Amardeil)
Éditions Kimé, 2018

Pourquoi aurais-je survécu ?
(traduit de l'italien par René de Ceccatty)
Rivages, Petite Bibliothèque, 2022

La Voix de la vie
(traduit de l'italien par René de Ceccatty)
Rivages, Petite Bibliothèque, 2022

Le Pain perdu
(traduit de l'italien par René de Ceccatty)
Éditions du sous-sol, 2022
Points, 2023

Je te laisse dormir
(traduit de l'italien par René de Ceccatty)
Éditions du sous-sol, 2023

Edith Bruck

C'est moi, François

TRADUIT DE L'ITALIEN
PAR RENÉ DE CECCATTY

Éditions du sous-sol

Titre original : *Sono Francesco*
Éditeur original : La nave di Teseo editore, Milan, 2022

ISBN original : 978-88-346-1199-9

ISBN 979-10-414-1522-9
(ISBN 978-2-36468-695-3, 1re publication)

La naissance de ce petit livre généré en moi par le pape François je la dois à l'aide qu'a apportée Eugenio Murrali à ma vue défaillante par ses mains rapides sur son clavier.

Merci aussi à la patiente et délicate sensibilité d'Andrea Monda qui a tenu et tient le fil blanc entre le pape et moi.

PRÉFACE DU PAPE FRANÇOIS

Quand j'ai lu, dans *L'Osservatore Romano* du 26 janvier 2021, la veille de la journée de la mémoire, la belle interview d'Edith Bruck par Francesca Romana de' Angelis, j'ai été frappé par la force calme et lumineuse de cette dame. Elle était parvenue à trouver dans sa vie, et ensuite à transmettre dans son œuvre littéraire, différentes "lumières" dans un des abîmes les plus ténébreux de l'histoire de l'humanité. J'ai refermé le journal et j'ai appelé son directeur, Andrea Monda, pour lui demander de tout faire pour que je connaisse et, si possible, rencontre Madame Bruck.

C'est ainsi que moins d'un mois plus tard, je suis allé chez elle dans le centre de Rome. Ce fut une visite émouvante pour nous deux.

Une émotion qu'à présent Madame Bruck a voulu raconter, et je lui en suis reconnaissant, dans ce livre qui tente de résumer une expérience très difficile à représenter et à transmettre. Dès que je suis sorti de l'ascenseur, j'ai été accueilli par Madame Bruck sur le seuil de sa porte en silence, car l'émotion l'empêchait presque de parler : entre les larmes qui la submergeaient, elle me remerciait de cette visite et moi, à mon tour, je la remerciais du témoignage qu'elle donnait, qu'elle avait donné durant toutes ces années, je dirais même, le témoignage qu'elle était et qu'elle est, elle-même. Une mémoire vivante, voilà ce que j'avais devant les yeux : dans cette mince et élégante dame de quatre-vingt-dix ans, dotée de cette force qui lui permettait de pleurer, en accueillant le don des larmes sans lui résister, je contemplais une mémoire vivante, personnifiée.

Elle me reçut dans son salon, en compagnie de sa famille la plus proche et nous sommes restés longtemps à converser. Je me souviens que l'on parla de ces "lumières" qu'elle avait su raconter dans ses livres, mais d'autre chose aussi, de la condition des personnes âgées, de son expérience intense avec son mari Nelo Risi, atteint de la maladie d'Alzheimer durant de longues années, de cinéma (avec son neveu Marco, on parla du film *Le Fanfaron*[1]) comme on le fait dans une agréable conversation privée, familiale.

Nous nous sommes, par la suite, téléphoné et revus, lors des rencontres publiques, et, récemment, de façon privée, mais cette fois-ci chez moi, à la Résidence Sainte-Marthe[2].

1. De Dino Risi, beau-frère d'Edith Bruck et père de Marco. Cette comédie (avec Vittorio Gassman, Catherine Spaak et Jean-Louis Trintignant) est sortie en 1962 et a connu un succès mondial. (Toutes les notes sont du traducteur.)

2. *Domus Sanctæ Marthæ* ou Casa di Santa Marta, résidence hôtelière du Vatican, construite tout près de la basilique Saint-Pierre en 1996 pour accueillir notamment les cardinaux lors des conclaves. C'est là que le pape a choisi de résider lui-même, préférant ce lieu

Nous étions de nouveau le 27 janvier, journée de la mémoire. Entre-temps la situation du monde avait changé et le vent de la guerre s'était remis à souffler, jusqu'en Europe. Madame Edith vint me trouver avec sa fidèle gouvernante, Olga, ukrainienne, avec qui nous avons inévitablement parlé de ce qui était en train d'arriver à la frontière de ce territoire aujourd'hui martyrisé. Il est si important que la mémoire ne soit pas perdue ! On a besoin de personnes qui, même par leur seule vie, gardent un souvenir vivant, maintiennent leur flamme allumée. Edith et Olga m'apportèrent un pain pétri et cuit par elles-mêmes, qui évoquait ce “pain perdu” de sa maman, que l'écrivaine avait immortalisé dans son livre. Peut-être qu'aucun pain n'est jamais définitivement perdu, car il peut toujours être racheté. L'espérance resurgit toujours et nous surprend toujours. C'est la petite sœur, la plus jeune,

---

convivial et moins isolé à ses appartements pontificaux, situés au troisième étage du palais apostolique.

qui traîne par la main les deux plus grandes, la Foi et la Charité, ainsi que le chante Péguy[1]. Ce pain, qui n'est plus perdu, nous l'avions maintenant dans nos mains. Nous l'avons rompu, ensemble, et nous l'avons mangé ensemble. Un geste simple, humain. Comme une prière. Ainsi, presque ensemble, nous nous sommes tenu "compagnie", nous avons

1. Dans *Le Porche du Mystère de la deuxième vertu*, *Nouvelle Revue française*, 1916. Rééd. "Poésie" Gallimard, 1986. "L'Espérance est une toute petite fille de rien du tout. Qui est venue au monde le jour de Noël de l'année dernière. C'est cette petite fille de rien du tout. Elle seule, portant les autres, qui traversa les mondes révolus. La Foi va de soi. La Charité va malheureusement de soi. Mais l'Espérance ne va pas de soi. L'Espérance ne va pas toute seule. Pour espérer, mon enfant, il faut être bienheureux, il faut avoir obtenu, reçu une grande grâce. La Foi voit ce qui est. La Charité aime ce qui est. L'Espérance voit ce qui n'est pas encore et qui sera. Elle aime ce qui n'est pas encore et qui sera. Sur le chemin montant, sablonneux, malaisé. Sur la route montante. Traînée, pendue aux bras de ses grande sœurs, qui la tiennent par la main, la petite espérance s'avance."

mangé le pain ensemble. Peut-être est-ce ainsi que l'on peut recommencer, repartir en tant qu'humanité, en faisant quelque chose ensemble, la chose la plus simple, si ça se trouve : se nourrir. L'humanité est une chose délicate, fragile, toujours prête à se briser, à se détériorer, à dégénérer. Mais il arrive aussi parfois que l'on rencontre des personnes – et c'est le cas pour Madame Edith –, qui révèlent qu'elles possèdent des ressources impensables, une force qui jaillit d'on ne sait trop où et qui surpasse toute adversité et permet de rester humains.

Le livre que vous avez entre vos mains est la tentative de raconter cette rencontre qui m'a donné, à moi, une telle force et une telle espérance, et untel sens de gratitude, de confiance, que je suis convaincu qu'elles seront communiquées à quiconque choisira de le lire ; c'est du moins mon vœu.

C'EST MOI, FRANÇOIS

– Il vient ! Il vient ! J'ai appris qu'il viendrait ! Lui, chez moi, samedi à quatre heures de l'après-midi. Je ne dois le dire à personne, c'est un secret. Mais comment vais-je faire pour me taire ? J'explose ! Je voudrais le chanter sur tous les toits. Imagine un peu, il a lu ma lettre à Dieu[1] et il l'a approuvée.

– Madame Edith, calmez-vous, ne vous agitez pas. Alors il faut que je nettoie les fenêtres, que je lave les rideaux, et que je fasse des gâteaux, des gâteaux. Qu'est-ce qu'on prépare ? me demande Olga.

– Il ne vient pas pour regarder le panorama ou les rideaux, ni pour manger des gâteaux, c'est absurde !

1. Lettre qui termine *Le Pain perdu* (Éditions du sous-sol, 2022).

– Qu'est-ce qu'on fait alors ?

– Rien, rien, je ne sais pas, je ne sais pas.

– Réfléchissons-y tranquillement.

– L'interphone, l'interphone, va ouvrir, elle arrive.

– On ne peut pas ne pas le lui dire.

– Mais comment ?! J'ai promis de ne le dire à personne ? Voilà, vas-y, elle sonne à la porte.

– Ciao ! Mais c'est vrai, ce que vient de me dire Olga ?

– Tu le lui as dit ?

– Je ne peux pas le croire. Vraiment ?

– Oui, oui, oui. Je viens de l'apprendre, c'est incroyable, on va décider maintenant quoi faire, quoi dire, comment nous habiller, comment le saluer.

Deborah[1] me regarde, encore dubitative, en secouant la tête comme pour dire "Non, non, ce n'est pas possible !"

– Si, si, si, ai-je répété.

Et soudain toutes les trois nous régressons en enfance et nos voix se recouvrent.

1. Nièce d'Edith Bruck.

– Qu'est-ce que je me mets ? On peut rester en pantalon ? Sors de l'armoire toutes mes affaires sur le lit. Qu'est-ce qui est le mieux adapté à une telle occasion ?

Et essayage sur essayage, de plus en plus infantiles. Au milieu de grimaces adressées au miroir, nous nous habillons et nous déshabillons comme trois petites filles attendant un cadeau fabuleux. Deborah parade dans mes robes exagérément amples et Olga dans celles qui sont plus resserrées.

– Pas de ça, pas de ça. Pas de décolletés ! Des vêtements simples, normaux.

Nous monologuons, toutes émues.

– Et comment doit-on le saluer ?

Olga s'incline pour baiser une main imaginaire.

– Et s'il ne tend pas la main, à cause du virus ?

Je mets la main sur le cœur, Deborah joint les mains à l'orientale. Nous répétons nos gestes devant le miroir, de plus en plus incrédules, en riant avec excitation dans une atmosphère irréelle.

– Et quel siège lui donnera-t-on ?

Bonne question.

– Le fauteuil de Nelo[1], où plus personne ne s'est plus jamais assis ? Non. Il s'y enfoncerait trop profondément. Et comment pourra-t-il s'en relever ?

Nous nous précipitons pour entasser des coussins dans ce petit fauteuil ancien.

1. Le cinéaste et poète Nelo Risi (1920-2015), mari de l'auteure.

– C'est l'interphone ! C'est l'interphone !

Je jette un regard rapide sur les rares personnes dont la présence a été autorisée, tout le monde est debout, tendu, muet, comme autant de petits soldats "au garde-à-vous" : Deborah en bleu, son mari Lucio cravaté, Marco moins négligé que d'habitude, Olga vérifie la table garnie de ses gâteaux, Francesca Romana de' Angelis, l'auteure de mon interview, cause et effet de la visite, elle, a l'expression la plus incrédule. Je ne sais plus où j'en suis, je cours, je cours, c'est moi qui dois ouvrir la porte.

Il est ici. Sa silhouette blanche remplit l'ouverture de l'entrée et mes yeux de larmes…

Et dans mon cœur pur, jamais effleuré par la haine, ce sentiment soudain entré dans ma vie, dans mon appartement, chez moi, aussitôt accueilli les bras ouverts, me procure une émotion dans laquelle s'infiltre la culpabilité que peut-être, avec sa chaleur, transmet celui qui a suscité mon bien, dès son apparition dans l'encadrement de la porte, avec toute sa blancheur et sa douceur, une énorme barbe à papa parlante :

– Respirez, respirez profondément.

Telles sont les paroles qu'il m'a adressées, les yeux embués à son tour.

– Respirez, respirez, répète-t-il alors que nous avançons en boitillant tous deux dans le long couloir.

Il traîne un paquet qui a l'air lourd, bien qu'il ait deux accompagnateurs aux mains vides. Moi, j'ai le cœur gonflé de cette même émotion que j'éprouvais, petite fille pauvre que j'étais, quand on m'a offert une robe neuve pour la Pâque.

Mais pourquoi tant d'émotion ? Pourquoi ?

Arrivés dans le salon où nous attendent cinq personnes debout, l'homme en blanc, pour me calmer, après avoir déposé par terre le lourd paquet, prend de l'eau sur la table recouverte de toutes sortes de choses délicieuses, et avec le geste d'une mère pour son enfant, il me fait boire quelques gorgées salées par mes propres larmes, et avec un empressement consolateur, il saisit dans le paquet une boîte précieuse qu'il ouvre et dont il extrait une petite menora[1], symbole d'Israël, et, tel un exorciste, il la rapproche de mon visage stupéfait. Je me confonds en “Ah, ah, ah, merci !”, tandis qu'il sort encore du paquet un gigantesque volume en italien et en hébreu du Talmud (la compilation des discussions et interprétations rabbiniques de la Torah, écrites et orales).

Son mode d'être, simple, souriant, familier, libère l'atmosphère tendue de l'assistance et les personnes qui sont toujours debout.

1. Chandelier à sept branches.

Après que je lui ai présenté Deborah, son mari Lucio, mon neveu par alliance Marco Risi, la journaliste Francesca Romana de' Angelis, signataire de l'entretien paru dans *L'Osservatore Romano*, nous nous rapprochons d'Olga, mon ange gardien, ukrainienne, qui s'incline pour lui baiser les mains. Il prononce, comme s'il était n'importe qui, simplement son propre prénom, "François", conquérant ainsi tout le monde, avec l'humilité des grands.

Une fois qu'il a pris place dans le petit fauteuil rembourré de coussins, il pose les pieds sur une descente de lit blanche et articule le premier mot :

– Pardon.

Puis sa première phrase :

– Je voudrais vous dire ce que j'ai dit à Yad Vashem[1], à Jérusalem. Vous demander pardon à vous et au peuple juif, martyr victime de la Shoah.

Sous le regard attentif du directeur du journal du Vatican, Andrea Monda et de son accompagnateur, je regorge de mots à dire. Mais quoi ? Le pape François rappelle à Marco Risi qu'il a vu *Le Fanfaron* de son père Dino.

– Oh, tous ces virages, il n'y en a pas à Buenos Aires. Un beau film, mais je ne vais plus au cinéma. Vous travaillez dans le cinéma, vous aussi ?

– Oui, oui, répond Marco qui explique qu'il va tourner un film sur les vieux et leurs problèmes chez eux ou en maison de retraite.

– C'est bien, c'est bien, c'est un problème important dans la société d'aujourd'hui, égoïste, qui se débarrasse aisément de ses propres vieux.

Le pape soupire et, esquissant un sourire, il raconte :

1. Institut international pour la Mémoire de la Shoah.

– Une famille argentine est à table pour le dîner. Mais le grand-père bave trop, il bave, il bave, et le fils dit à son vieux père : “La prochaine fois, tu mangeras à part à une autre table.” Au bout de quelques jours, le petit-fils du vieux se met à bricoler avec des clous, un marteau et des bouts de bois. “Que fais-tu ? Que fais-tu ?” lui demande le père. “Une table pour toi, pour quand tu seras vieux.”

Ainsi conclut-il sa petite histoire sur un ton doux-amer. L'ombre de tristesse se dissipe avec le gâteau à base de ricotta qu'Olga a préparé et qu'elle met dans les mains qu'elle a baisées. Je regrette qu'il n'ait rien où le poser, mais il minimise la chose :

– Aucune importance ! Aucune importance ! Il est délicieux ! Il est délicieux !

Il interroge Olga sur sa famille en Ukraine. Mais à cette époque, tout allait bien, alors qu'aujourd'hui, elle pleure, elle téléphone et elle suit les actualités jour et nuit. Et moi avec elle. Ce massacre insensé et aveugle qui risque de causer la troisième guerre mondiale et, en tout cas, laissera un héritage de haine qui augmentera le poison du monde.

L'hôte que nous avons attendu, comme ma mère le Messie, boit de l'eau et demande à Lucio, silencieux jusqu'ici :

– Que faites-vous ?

– J'enseigne les mathématiques, réplique-t-il, intimidé, en arrêtant là sa réponse comme s'il avait tout dit et n'avait rien à ajouter.

Notre amie journaliste, unique catholique de l'auditoire, reste muette, en "transe", émue, incrédule, face à celui qui a presque un milliard de fidèles-infidèles. Malgré la chaleur qui émane de sa figure blanche, le silence soudain, chargé de mots retenus, pèse, et le pape François, sur ce ton enfantin qui lui est propre, me demande de raconter ce que j'appelle dans mes livres les cinq lumières dans les camps nazis. Il s'exprime lui-même comme dans un conte et cela allège mon ton, et je réponds à sa première requête comme une bonne élève à son maître paternel :

– Ce sélectionneur qui vous a murmuré “Va à droite, à droite !” en vous arrachant à votre pauvre maman. Il voulait vous sauver, n'est-ce pas ?

– Sur le moment, je ne savais pas, la gauche c'était la chambre à gaz et la droite le travail forcé, donc la possibilité de survivre. C'est pour cela que je l'appelle lumière.

Le pape François secoue la tête, avec un sentiment de pitié, et sur un ton léger, comme pour une devinette, il rappelle :

– Et la deuxième lumière ?

– À Dachau, où un cuisinier m'a demandé mon prénom et a sorti de la poche de sa blouse un petit peigne, il me l'a offert en me disant qu'il avait une fille de mon âge.

– J'aurais voulu être ce cuisinier, dit le pape en répétant le geste de sortir de sa poche imaginaire un petit peigne inexistant et en me le tendant.

Image surréaliste et émouvante. Il me demande ce qu'avait signifié pour moi cette question incroyable dans ces lieux, où l'on n'était qu'un numéro, on avait la tête rasée, les pieds nus dans des sabots et une seule tenue longue, rêche, grisâtre.

– Oh, cette question voulait dire que je suis, que j'existe, que je suis un être humain avec un prénom et que tout n'est pas perdu.

– Et la confiture qu'un soldat vous a laissée au fond de la gamelle

– Oh, elle représentait la bonté humaine.

– Et le gant troué ? Le trou, le trou, qu'était donc pour vous ce trou ?

– L'espérance, la lumière, la vie.

– Et la cinquième lumière ?

– La main qui avait rengainé son pistolet qui devait me tuer.

Les autres personnes présentes écoutent dans un silence tendu notre dialogue, comme si je racontais quelque chose qu'ils n'avaient jamais entendu. La tendre expression attentive du pape et sa main chaude sur la mienne détendent tout le monde sauf moi qui aurais voulu embrasser cette figure blanche comme quand tout à l'heure il a posé le pied sur le seuil de la porte, mais je suis retenue par une sensation de culpabilité juive face à ce désir que je ne m'explique pas et que je n'ai jamais éprouvé ni pu éprouver, car, dès mon enfance, j'étais, nous étions, même avant les lois raciales, regardés avec malveillance, offensés, accusés de déicide dans le village. Et le Christ me fit peur quand, en cachette de maman, je suis entrée dans l'église où, fixé par des fils de fer, incliné vers l'avant, il semblait menacer de me tomber dessus. Même la croix du pape m'impressionne et mon regard l'évite pour remonter vers son visage qui comprend tout.

Ma nièce Deborah, fille de ma sœur (numéro 11151, quand le mien est 11152 dans l'au-delà), lui raconte, en espagnol, qu'elle est née en Israël et qu'elle a émigré en Argentine, puis qu'en 1976, sous la dictature de Videla, elle est revenue en Israël et s'est retrouvée finalement, par amour, en Italie. Puis, elle lui remet une lettre d'un ami à elle, rabbin, avec lequel le pape a travaillé par le passé, pour la promotion du dialogue entre les religions. Ils échangent quelques phrases sur lui, lui envoient un message. Leurs voix sont empreintes de nostalgie.

Je me demande comment un pape a pu approuver ma lettre à Dieu, qu'il a lue dans *Il Messaggero*[1]. Mais qu'approuvait-il ? Mes doutes ? Le pape François se rapproche, comme s'il devinait mes interrogations muettes, au point d'effleurer presque mon visage et, dans un murmure, me dit :

– Dieu est une recherche constante.

Il sourit, avec son regard convaincu, confiant. Puis il jette un regard sur mon secrétaire, derrière lui, et demande :

– Que faites-vous maintenant ? Qu'écrivez-vous ?

– Des poèmes.

– Puis-je en lire un ?

1. Quotidien de Rome.

“Éducation”

Et si l’avenir n’était pas
le fils du passé et du présent ?
Mais orphelin, table rase
pour les nouveau-nés.
Qu’il faut éduquer pour le bon,
le beau, le respect
du prochain
quelle que soit son ethnie, sa foi.
Ne jamais dire à ses enfants
qu’ils sont les plus beaux
mais que tous les enfants
sont beaux.
Les éduquer à partager
en classe en récréation
leur goûter

avec qui n'en a pas,
les jouets de ceux qui en ont en quantité.
Le partage dès la petite enfance
est créateur de paix,
d'un monde nouveau
qui n'a jamais existé.
Le pourrait-il jamais ?
Cela ne dépend que de nous,
sans prier Dieu, la responsabilité
de tous les maux du monde
nous incombe[1].

1. *Tempi*, La nave di Teseo, 2022. Traduction du même traducteur, *La Voix de la vie*, Rivages, 2022.

Il le lit aussitôt, en fait l'éloge et me regardant de nouveau comme le maître paternel considère une bonne élève :

– Est-ce que je peux le prendre ?

Olga se précipite pour faire sur-le-champ une photocopie. J'en profite pour lui demander de me signer l'encyclique *Fratelli tutti* que m'avait apportée Francesca Romana, toujours silencieuse.

À Edith,
avec admiration et gratitude pour son courage et son témoignage.

Fraternellement,
François

Son écriture menue révèle son humilité et sa signature, François, l'homme parmi les hommes, n'est pas un sigle de banquier, fonctionnaire ou "grand de ce monde", mais l'âme d'un élève qui vient d'apprendre à écrire son prénom.

Comme s'il avait accompli son devoir, il pousse un léger soupir, allégé par ce pardon qu'il avait prononcé à Yad Vashem à Jérusalem et qui sait où encore et en lui-même, dans lequel, sur la conscience chrétienne, pesait et pèse, depuis des millénaires, le destin des Juifs.

Francesca Romana lui raconte qu'il y avait sur la place Saint-Pierre le jour de l'élection du pape, près d'elle, un homme mexicain avec trois enfants. Soudain, le plus petit la tire par la manche et lui dit :

– Madame, Madame, voici la cigogne qui apporte le pape !

Et il lui indique une mouette dans le ciel. Quelques secondes plus tard, la fumée blanche s'élève.

Je fixe la grande croix noire du pape. Je porte à mon cou la petite étoile de David en or, que je ne mets que de temps à autre. L'ai-je arborée inconsciemment pour confirmer mon appartenance religieuse ?

Le directeur du journal du Vatican prend photo sur photo, il vérifie l'heure, le garde, immobile sur sa chaise, esquisse un léger mouvement et je comprends, avec effroi, que le pape François va partir et j'en suis désolée. Il saisit ces signes et se lève avec peine en prenant appui sur le genou qui lui fait mal.

Il part, il part, me disent mes battements de cœur qui s'emballent, et à peine est-il debout que nos bras s'ouvrent pour une longue étreinte comme si nous ne voulions plus nous quitter. Je le raccompagne, ma main sur ses épaules blanches, un énième regard, saluts, sourires, le mien triste, le sien encourageant, nous nous laissons avec la promesse muette de nous revoir.

Après un bref silence de l'assistance, alors que la figure du pape François flotte encore parmi nous, les commentaires élogieux explosent, se croisent : comme il est sympathique, doux, chaleureux, humain, simple, aimable, souriant, ironique, maternel. Il est différent des autres papes. Seul Jean XXIII était aussi communicatif. Et cet accent argentin ! Comme c'est mignon ! Adorable. Et ce poids qu'il transportait ! Dommage que nous n'ayons pas pu prendre des photos nous-mêmes. Nous relisons la dédicace qu'il t'a faite ! Quelle écriture ! Il a signé simplement "François". C'est incroyable.

– Je descends, annonce Marco.

Mais il revient tout de suite et nous raconte qu'en bas de l'immeuble il y a foule et qu'un enfant hurle :

– *Ciao, Papa Francesco !*

– Comment peut-il y avoir maintenant de la foule dehors, alors qu'il est entré sans être vu ?

Il y a aussi des gardes qui essaient d'éloigner les badauds armés de téléphones portables. Tous photographiaient, même moi, à l'entrée. Il y a une grande cohue.

L'appartement est retombé dans le silence comme si tout le monde s'était retiré, ne laissant ici que les yeux, fixés sur le petit fauteuil où l'on a l'impression qu'est restée l'empreinte de la figure du pape François.

Je ne sais comment rompre cet étrange mutisme réflexif, solitaire, mais je remarque que cet étrange hôte, que nous n'aurons plus jamais aussi proche de nous, manque à tout le monde. C'est comme de perdre une personne qui nous envahit d'une chaleur blanche et qui, en partant, semble laisser derrière elle un air plus froid et plus obscur.

– Je suis encore incrédule, parvient à dire Francesca Romana.

– C'est aussi à toi, à ton article que je le dois, répliqué-je, en retrouvant un ton normal pour rompre cette atmosphère qui domine encore Deborah, tout comme Marco et Olga.

Mais il ne nous vient à l'esprit aucun autre sujet que le pape et sa grande simplicité.

– Un peu coquin, raille Marco, digne fils de son père Dino, qui évitait la réflexion peut-être dans la crainte de sa propre mélancolie et pour cacher sa sensibilité et sa générosité, qu'il gardait pour lui-même, au risque de paraître léger dans ses films de gros comique, sur un fond tragique bien camouflé.

En quelques minutes, la terre entière m'appelle. Tout le monde est déjà au courant de la visite. C'est pour cette raison qu'il a préféré venir, lui, chez moi ? Il voulait lancer un message spectaculaire, qui sorte des murs de la synagogue, où les visites papales ont eu peu d'échos médiatiques, alors que cela aurait été fondamental pour diffuser ses propos dans le peuple.

– Je m'en vais, annonce Marco après s'être assez balancé sur une jambe, chose qui agaçait son oncle Nelo, qui s'apercevait des vacillements de cette jambe, même quand son propre Alzheimer était avancé.

Sans Marco, nous nous sentions plus seules et après l'énième éloge, comme s'il n'y avait plus rien à dire, tout le monde s'en va, encore habité par la présence du pape, sans laisser la moindre place entre nous. Olga elle-même se retire dans sa chambre pour se reposer de ses émotions, raconter tout de suite la visite incroyable à sa fille et ses petits-enfants en Ukraine.

Toute seule, je regarde le fauteuil rembourré de coussins blancs, la descente de lit que nous avons placée sous ses pieds, le grand volume du Talmud et la petite menora, en me demandant, avec un sentiment de culpabilité, pourquoi j'aime tant le pape François. Est-ce que moi, juive, je peux éprouver un amour immédiat pour le plus grand représentant de ceux qui, pendant des millénaires, nous ont persécutés ?

– Ils nous ont volé même notre Yehoshua, disait ma mère. Les Romains crucifiaient tout le monde à cette époque : les voleurs, les délinquants et les perturbateurs du pouvoir. Lui aussi, c'était un perturbateur ? C'était un révolutionnaire ? Il défendait les pauvres ? Il prêchait le bien ? Que disait-il sur la croix, mais en araméen ?

– *Eli Eli Lama Sabachthani*, lui répondais-je après avoir eu du mal à repêcher la formule dans ma mémoire.

J'étais petite et rétive à l'enseignement du maître, barbu et méchant à mes yeux, saint à ceux de maman.

– S'il est tellement croyant, pourquoi n'est-il pas également bon ? demandais-je en pleurant presque à maman qui le défendait.

– Remercie le ciel qu'il vous enseigne un peu d'hébreu, analphabètes que vous êtes !

– Vous pourriez le faire, papa et toi !

– Oui, si j'avais le temps et si votre père était un Yid[1] comme il faut et s'il n'était pas plus absent que présent pour vous nourrir.

Il fallait que je demande au pape François ce qu'il pensait des millénaires de persécutions subies par les Juifs, accusés de toutes les insanités, partout, de siècle en siècle,

1. Ethnonyme d'Europe centrale, qu'utilisent les Juifs ashkénazes pour se désigner eux-mêmes.

sans jamais perdre leur foi, pas même à Auschwitz.

Dans ma tête, tournent et retournent ma mère et le pape, se croisant sans se heurter. Mon regard est encore fixé sur le petit fauteuil qui est vide, mais la présence du pape est répandue dans le salon et j'entends encore l'écho de sa douce voix, ce murmure sur Dieu, que je ne m'explique pas :

– Dieu est une recherche constante.

– Alors où est-il ? Où se cache-t-il ? En nous ?

Oh, que de questions, que de plaintes je retenais, moi qui, en ces instants, représentais le peuple martyr !

Pauvre pape, peut-être que lui aussi, tout comme moi, a été poussé par ce sentiment de culpabilité pour ce martyre séculaire de ghettos, d'interdits, de droits refusés, de conversions forcées, d'infinies vexations, qui a culminé dans les chambres à gaz, au cœur civil de l'Europe.

Tout cela – et autre chose encore – pesait et pèse sur le pape François, et pas seulement sur lui, qui a reçu cette charge écrasante en héritage et essaie d'en alléger le poids.

Oh, doux François, peut-être que la rencontre de notre humanité a imprévisiblement eu un effet, non seulement en Italie, mais partout. Avait-il deviné la réaction de ses fidèles, et pas seulement d'eux ? Savait-il ce que susciterait la visite à une Juive, par surcroît survivante au génocide juif dans notre XXe siècle ? Il s'était rendu compte que sa demande de pardon, son affection se multiplieraient non seulement parmi les personnalités de l'Église, mais aussi chez les gens simples. Où que je sois invitée comme écrivain de la Shoah :

baisers, embrassades, pardons, baisemains de la part d'hommes, de femmes, de prêtres, de mères au foyer, un soudain coup de frein à l'antisémitisme aux racines trop profondes.

Les baisers, la chaleur, l'accueil, la demande de pardon, le plus souvent m'embarrassaient ou suscitaient en moi de vieux ressentiments ou quelque chose que j'avais mangé dans mon enfance et que je n'avais pas digéré. De plus, être ainsi accueillie et entourée d'affection sincère augmentait mon malaise pour avoir instinctivement répondu par des gestes similaires. Ce qui me faisait mal, c'était de n'avoir jamais reçu, quand j'étais petite, cette chaleur, ni des Chrétiens ni de mes coreligionnaires. Peut-être parce que mon père ne portait ni la barbe ni la kippa, contrairement à la quasi-totalité des Juifs du village. Il n'allait à la synagogue qu'à l'occasion des fêtes et il avait parmi ses amis quelques non Juifs, et même un gitan, que personne dans le village ne laissait approcher de chez soi.

– Et après ça ils vont à la messe ! murmurait papa. Ils sont croyants, très croyants et ils fichent des coups aux chiens, aux Juifs, à leurs enfants, à leurs femmes, quel monde pourri !

– Ne blasphème pas, Sándor ! le rappelait à l'ordre maman. Et cesse de mâchouiller ce mégot éteint. Bientôt tu pourras le manger, dès la fin du shabbat. Toi, tu tourmentes ce mégot, et moi, je me demande ce que je peux inventer pour le dîner, les pauvres restes du déjeuner sont bien peu pour ces bouches affamées !

– Nous n'avons pas faim, mentions-nous en chœur, nous, les trois enfants encore restés à la maison, pendant que les trois autres étaient déjà en ville à apprendre un métier.

Nous craignions qu'ils ne se mettent à se disputer et nous à souffrir. Tout valait mieux, même le "Non, il n'y en a pas", que leurs disputes de désespérés pour le fascisme et l'antisémitisme de plus en plus violents. J'aimais beaucoup mon père, aussi bon que malheureux, et je ne lui ai jamais adressé, oralement ou par écrit, un livre-lettre comme à mon mari, à Dieu et à ma mère, plus forte que lui qui invoquait la démocratie et le socialisme.

Enfant, j'imaginais que le Dieu terrestre était pour les Chrétiens le pape de Rome. Nous, les Juifs, nous n'avions ni images, ni papes, ni même un chef des rabbins, mais seulement des orthodoxes qui semblaient vivre et marcher à quelques centimètres au-dessus du sol, ils volaient, vifs et muets, le regard tourné vers un ailleurs, sans nous accorder la moindre salutation. Pas même le père d'Eva, ma camarade d'école, ne nous saluait. En revanche, les papes, représentants de Dieu, étaient présents parmi les gens, partout.

Pourquoi nos grands savants vivent-ils séparés du peuple et isolés jusque chez eux ? À qui pourrais-je demander un conseil pour l'amour que je porte au pape François, homme fait de chaleur humaine qui attire la chaleur, qui donne et provoque un amour semblable à la paix, à la réconciliation entre les humains, à un nouveau recommencement.

Cette douceur, ces mots, pénétrants sur-le-champ, ne parvenaient pas à effacer la trace dans la mer d'amertume héritée à la naissance, et me faisaient et me font émerger de mon impression de culpabilité, bataillant entre la raison et le sentiment qui m'a été insufflé dès que j'ai aperçu dans l'encadrement de l'entrée cette silhouette humaine, les bras ouverts comme des ailes blanches, prêtes à m'accueillir : un regard si bienveillant et si tendre que je pleure comme une petite orpheline, sans raison.

Ce "ne le dis à personne" qui m'a été recommandé par le directeur du journal du Vatican, en dix minutes avait parcouru le monde, et quand j'ai appris de mon neveu de São Paulo que lui aussi avait pleuré, mon sentiment de culpabilité s'est allégé, car je sais qu'il respecte plus que moi les fêtes juives, comme son père, mon frère bien-aimé, survivant, et sa femme. Tous les deux ont eu la vie sauve, et ont préservé leur foi, mais non leur santé.

Ni la capacité à lire le moindre de mes livres ou de mes poèmes, car leur vue est aussitôt noyée de larmes.

Malgré moi, le pape assiégeait mes pensées et mon regard s'arrêtait souvent sur le petit fauteuil resté à la même place, mais débarrassé de ses coussins. Je me demandais et je me redemandais pourquoi il m'avait enrichie d'un sentiment qu'avant son apparition dans l'encadrement de ma porte je n'avais jamais éprouvé. Je l'aimais simplement plus que les papes précédents, je le voyais comme un homme auquel on pouvait se fier et qui savait se faire aimer, car, plus qu'il ne prêchait, il parlait avec la simplicité et la grandeur des humbles, pas d'en haut, mais en bon grand-père. Par certains aspects, il me rappelait Jean XXIII qui dans *Nostra Ætate*[1], publiée ensuite par Paul VI, avait pour ainsi

1. Cette déclaration (qui signifie « À notre époque ») de Vatican II a été promulguée le 28 octobre 1965.

dire absous le peuple juif de l'accusation de déicide.

Le papier continue à m'écouter, il accueille tous mes propos comme quand je suis revenue des camps nazis et que personne ne voulait entendre parler d'Auschwitz. Peut-être qu'écrire m'aidera à comprendre pourquoi je suis mal à l'aise en ouvrant la porte de mon cœur au pape François.

Du premier pape que j'avais rencontré, le Polonais, j'attendais le Verbe, l'assurance de l'existence du Dieu de ma mère, l'invisible, l'éternel, unique interlocuteur pour elle qui avait une foi d'acier alors que j'étais dévorée par le doute dès mon enfance. Qui, sinon le pape, pouvait me rassurer sur notre Unique ? En fait, rien. Il m'a serré la main dans une salle réservée à quelques personnes, disant “Enchanté de faire votre connaissance”,

---

Elle concerne le rapport de l'Église avec les autres religions.

comme n'importe qui. Mon cœur d'enfant s'est rabougri. Ensuite… il est apparu sur la bimah, l'estrade au fond de la synagogue, il a demandé pardon aux "Frères aînés", sur le visage lumineux transparaissait sa beauté juvénile, et dit :

– … La considération des conditionnements culturels séculaires […] empêche de reconnaître que les actes de discrimination, de limitation injustifiée de la liberté religieuse, d'oppression même sur le plan de la liberté civile, à l'égard des Juifs, ont été objectivement des manifestations gravement déplorables. Oui, encore une fois, à travers moi, l'Église, avec les mots du décret bien connu *Nostra Ætate* (n. 4), "déplore les haines, les persécutions et toutes les manifestations de l'antisémitisme dirigées contre les Juifs de tout temps et de la part de qui que ce soit" ; je le répète : "de la part de qui que ce soit" […].

Mon cœur ne s'est pas non plus ouvert en sentant les mains froides du pape allemand, qui dit :

– […] l'Église n'a pas manqué de déplorer les manquements de ses fils et de ses filles, en demandant pardon pour tout ce qu'elle a pu favoriser de quelque manière les plaies de l'antisémitisme et de l'antijudaïsme. Puissent ces plaies être guéries à jamais […].

Mais l'Argentin Bergoglio avait les mains chaudes et dit :

– […] Le peuple juif, dans son histoire, a dû expérimenter la violence et la persécution, jusqu'à l'extermination des Juifs d'Europe durant la Shoah. Six millions de personnes, rien que parce qu'elles appartenaient au peuple juif, ont été victimes de la plus inhumaine des barbaries, perpétrée au nom d'une idéologie qui voulait remplacer Dieu par l'homme […].

Le pape François se présenta à ma porte en remplissant de blanc l'ouverture et en écartant les bras, comme si j'étais une fille perdue et retrouvée. Pourrais-je être son enfant adoptive ? Orpheline de mère et de père, parce que née juive, fille d'aucune autre faute, fruit de cet arbre qui a des racines millénaires en moi que ses éternels ennemis ne sont pas parvenus à déraciner malgré tout. Est-ce le passé qui pèse sur le présent ? Qu'est-ce qui me trouble autant ? L'esclavage de mes ancêtres ou mon expérience vécue au XXe siècle ? Quand sinon maintenant me libérerai-je du trouble que je ressens pour un homme pape ? Peut-être est-ce grâce à lui et à son amour qui a suscité le mien qui sera libérateur ? Grâce à son visage et à sa voix empreints de paix ? Je promets de ne pas me poser de questions, en espérant que les réponses mûriront d'elles-mêmes.

Après la visite du pape, a commencé un pèlerinage dans les églises les plus belles : à San Miniato, à Florence, à Sorrente où beaucoup ont demandé pardon, à Rome, à San Bartolomeo, à Assise, où j'étais chez moi et nommée citoyenne honoraire. Une femme m'a émue en me disant :

– Pardonnez-nous pour ce que nous, les Italiens, avons fait aux Juifs.

Les mères de famille du Sud pleuraient, tout le monde m'interrogeait sur le pape François comme si c'était un de mes proches.

– Comment va-t-il ? Et son genou ? Il est beau de près ? Que vous a-t-il dit ? On voit qu'il est bon ?

Ils réclamaient des bénédictions du pape, ils voulaient me confier une statue à lui remettre, ils me priaient d'intercéder pour un travail à donner à leurs enfants, ils me mettaient entre les mains des lettres à lui apporter, ils envoyaient leurs salutations et leurs vœux.

– Je peux vous toucher ? me demandaient beaucoup de femmes, comme si, en me touchant, elles avaient touché le pape.

Être traitée comme une sainte et honorée par des évêques, photographiée comme une star de cinéma, bousculée par les nombreux selfies pour le plus grand bonheur des autres me procurait le sentiment d'être emprisonnée. Même au restaurant, je m'asseyais toujours de manière à voir l'entrée.

Il se peut que cette phobie, parmi d'autres, soit due aux camps nazis, comme quand je m'éloigne de ma maison-nid avec la peur de ne plus jamais revenir.

Ah, le passé ! Il est présent. Il est futur.

À mon retour de la splendide Sorrente, parmi les messages sur mon répondeur, il y en a un que j'écoute incrédule, avec Olga qui m'accompagne partout :

– C'est moi, le pape François.

– C'est lui, c'est lui ! ai-je hurlé, ébahie.

Et, en entendant ce prénom et cette voix reconnaissable entre toutes, j'efface mes ruminations sur mon sentiment de culpabilité.

– Écoutons ce que dit le message.

Nous le réécoutons plusieurs fois sans rien comprendre, parce que nous sautillons, redevenues petites filles, surexcitées comme quand nous l'attendions.

– Laisse-moi écouter, ai-je prié Olga.

– Attendez, attendez, je dois retourner en arrière. Il y a des quantités de messages !

– Attention, attention, ne l'efface pas ! C'est lui ? Tu es sûre ?

– Oui, oui, oui. Il a dit : "Je suis le pape François."

– Mais que dis-tu ? Le pape François ?

– Pourquoi ne me croyez-vous pas ? fait Olga.

– Je n'ai pas dit que je ne te croyais pas. Si on se calme, on comprendra mieux. Attention. Doucement. En arrière, encore, encore. Stop !

– Voilà !

– Arrête. C'est lui. C'est lui.

– Pour Madame Edith Bruck. Merci beaucoup pour le poème. J'essaierai de vous rappeler en espérant vous trouver. Que Dieu vous bénisse. Priez pour moi. Je le fais pour vous.

Nous réécoutons à plusieurs reprises le message, toujours incrédules et émues. Olga enregistre la voix pour ne pas la perdre au milieu de nombreux messages, elle la signale avec un code sur le téléphone portable et nous la réécoutons encore. Nous la faisons entendre aux personnes qui m'entouraient ce jour inoubliable, quand, alors qu'il était chez moi, m'ont échappé à cause de l'émotion quelques-unes de ses phrases que m'a rappelées Olga.

– Merci de ce que vous faites dans les classes pour les jeunes. Une seule goutte de bien est importante dans cette mer noire, une goutte de lumière.

– J'ai déjà fait une mare, lui avais-je répondu.

– C'est bien, c'est bien, il faut de la force pour témoigner depuis soixante ans. N'arrêtez pas.

– Je n'arrêterai pas tant que j'aurai du souffle.

– Dieu vous bénisse. Priez pour moi et je prie pour vous, avait-il dit de vive voix et sur mon répondeur.

Je me suis tue. Je ne sais prier qu'en silence, au lit, dans le noir, sans articuler le moindre mot.

Le mot "Dieu" est déjà trop utilisé et exploité par les massacreurs en son nom. J'aurais voulu répondre que dans ce monde j'aurais honte de prier ou penser comme ma mère que tout provient de la volonté divine.

– Non, Berta, tout dépend de l'homme qui fait et défait, ripostait mon père.

Et commençait alors une discussion qui d'habitude dégénérait en dispute éloignée du sujet de départ, tandis que je les écoutais avec tristesse, défendant, en mon for intérieur, mon père, à qui je donnais raison, car il connaissait mieux les hommes, le monde, il avait connu la guerre, avait même été fait prisonnier durant la Première Guerre mondiale, il voyageait, alors que maman ne sortait de la maison que pour aller à la synagogue durant les fêtes. Papa savait tant de choses, mais il était trop taciturne pour nous les raconter.

Est-ce que le pape aurait plu à maman ? Et vice versa ? Ils priaient tous les deux un même Dieu, avec des fois différentes, opposées. Ah, si je pouvais prier à voix haute, je pourrais défaire ce nœud à la gorge qui m'en empêche. Et si je pouvais renverser sur le papier ce tas de silence, ces mots qui ne sont jamais sortis de ma bouche, même dans mon enfance, avant l'Apocalypse, car j'étais née déjà offensée, dans un monde que j'espérais ajuster comme maman raccommodait les bas troués, reprisait les coudes des vestes, les pantalons de mes frères, par des points invisibles ! Maman faisait des miracles et peut-être que le pape François en fera, lui aussi ! Et la paix régnera sur le monde et nous aurons tous un quignon de pain.

Un jour, je me suis retrouvée dans une foule immense, au Colisée, invitée et encouragée par un ami de Sant'Egidio[1], qui me poussa presque de force dans une file de chefs religieux venus de différents pays. Je me suis rebellée inutilement :

– Mais qu'ai-je à y faire ? Qu'ai-je à y faire ?

– Tu dois rester là, tu dois rester là, insista-t-il.

Égarée comme jamais, je me demandais ce que je faisais là dans cette file. À attendre qui ?

1. Communauté fondée en 1968 à Rome pour la lutte contre la pauvreté.

Sur les écrans gigantesques apparaissaient les images de milliers de visages, groupes d'ethnies diverses, dans une attente angoissée. Comme chez quelqu'un de déplacé, mon regard se perdait sur les différentes chasubles, sur les couvre-chefs orientaux, orthodoxes, indiens, musulmans.

L'attente me parut longue avant que n'apparaisse la barbe à papa géante qui après une brève poignée de main aux chefs des différentes fois arriva à moi, ouvrit ses bras, comme des ailes blanches, me serra contre lui et sourit, heureux de me revoir. Il dit également quelque chose, mais l'émotion me rendit sourde et aveugle devant cette foule qui pour moi n'existait pas.

L'ami de Sant'Egidio qui m'avait poussée dans la rangée accourut essoufflé et me trouva comme en transe. Après une légère résistance de ma part, il m'accompagna sur la scène où, au bout d'un moment, le pape monta à son tour et serra de nouveau les mains de tous les représentants religieux et devant moi réouvrit les bras et je l'accueillis entre les miens, comme si je ne l'avais pas vu depuis très longtemps.

Des différents discours que firent en anglais les chefs venus du monde entier, y compris le grand-rabbin d'Europe, vêtu d'une veste et d'un pantalon quelconques, et si je ne m'abuse, le seul à être nu-tête, je ne saisis pas un mot, à cause de mon désemparement. J'espérais que la grand-rabbin me saluerait et me dirait "Shalom", mais il ne pouvait savoir qui j'étais et je gardais dans ma bouche ce mot, cette salutation, je n'arrivais pas à l'articuler et je le regardais comme s'il avait dû savoir qui j'étais, mais l'ami président de Sant'Egidio, Andrea Riccardi, qui a voulu cette rencontre internationale et interreligieuse et m'avait invitée, ne devait pas le lui avoir dit. Peut-être qu'à la fin, il aurait dû le déduire, quand je suis descendue de l'estrade et qu'on me photographiait avec le grand-rabbin de Rome, la présidente de la communauté juive et l'ami président de toutes les communautés italiennes. Parmi eux, je me retrouvais pour ainsi dire en famille. Ce rabbin avait l'aspect du commun des mortels, et non celui des ultra-orthodoxes de mon village qui marchaient à quelques centimètres du sol, mais il sourit et me serra la main. Peut-être que ces orthodoxes avaient raison, la foi, quelle qu'elle soit, n'était pas de ce monde, leurs regards étaient peut-être à la recherche de Dieu, comme l'avait dit le pape François.

La terre qu'avait créée le Très-Haut nous l'avons rendue indigne. Est-ce pour cette raison qu'il a détourné, lui aussi, le regard de nous ? Notre univers de croyants n'a fait et ne fait que se massacrer mutuellement ! Aujourd'hui encore il lance des bombes de plus en plus intelligentes sur des civils, des maternelles, des hôpitaux, des immeubles, des maisons individuelles, des usines, des centres commerciaux, des voies ferrées, des aéroports, des théâtres, des écoles, des églises. Le développement technologique joue sans scrupules avec la vie humaine partout et avec satisfaction.

L'homme ne s'aime plus et plus il tue, plus il meurt. Et Dieu dans tout cela ? Et un pape, que peut-il faire, sinon invoquer la paix ?

La prochaine fois, s'il doit y avoir une autre rencontre avec le pape François, je lui apporterai les poèmes de mon mari agnostique, non baptisé, qui s'est comporté durant toute sa vie comme un moine franciscain. Le seul saint qu'il donnait en exemple était saint François d'Assise. Il détestait la propriété, il s'est toujours contenté du strict nécessaire : se protéger du froid, dormir sous un toit, avoir de quoi manger quand on a faim, c'est ce qu'il espérait inutilement pour tout le monde sur le globe.

Et lui ? Qu'aurait-il dit au pape ? Comment aurait-il réagi à la visite ? À mon émotion ? Comment ne m'était-il pas venu à l'esprit de le lui demander ? Pourquoi l'avais-je exclu de mes questions ? Alors qu'il est dans mes pensées quotidiennes depuis que, en 2015, le jeudi 17 septembre, à neuf heures, il a expiré dans mes bras et dans ceux d'Olga.

Je peux tout imaginer sauf sa réaction ; un homme qui n'avait jamais mis les pieds dans une église sinon pour les œuvres d'art. Et pourtant dans leur famille laïque régnait une religiosité juste, faite de respect de la vie, même d'une mouche, de tout être qui respirait, même d'un rat.

Je me rappelle un poème qu'il avait dédié à sa mère :

"Attendue là-bas"

Il y avait un pacte entre nous
oh ! non pas qu'il était scellé par quelque
chose d'écrit
c'était une entente
il courait de tes yeux aux miens
du visage effilé sur le lit presque de camp
nid entre les portraits d'un père
d'une mère à citer en exemple à leurs enfants
soutirés avec trop d'indulgence au jugement
manquements disais-tu – erreurs jamais

entre les coupures de journaux fixés au mur (nos
succès) et tas de lettres fleuries de rubans
entre le Goethe annoté
et les tableaux et les légendes de trois maisons…
l'entente était
que tu rejoindrais quoique tardivement
notre père
de la façon la plus civile
en occupant le poste le plus petit
aucun encombrement (évidemment !)
sans funèbres pompes à l'intérieur d'urne de granit
que tu redeviennes cendres dans ta chère Milan
Ainsi en a-t-il été
même si les actes qui restent à accomplir
les autorisations les pratiques les assentiments
ne sont jamais simples dans l'urgence
et nous trouvent toujours désarmés…
Nous fûmes présents mon frère et moi
dans ce petit temple horrible de style égyptien
entre des sphinx de plâtre noircis par les bûchers
mais sans les baumes les résines odorantes
les bandeaux les péplums le vert crépuscule
avec ce qui de corporel reste
dissous dans des eaux sacrificielles…

Le nombril du monde ici est catholique
ta religion était quelque chose de différent
une musique des sphères (l'entendement
qui se reconnaît dans l'univers)
ou d'un génie préromantique allemand
un quelque chose d'animiste confié au piano
une pathétique
à dix doigts pendant dix lustres répétée
des limbes laïques sans son Cocyte
une rencontre en lagune sans l'ombre de Caron
parce que le tribut tu l'as payé en vie
Je regardais ces mains tes mains (pas l'esprit)
de plus en plus faibles
jamais jointes (prier
nous ne t'avons jamais vue le faire) finement
tressées doigt à doigt comme une dentelle
une "blonde de Caen" que tu gardais au fond
de la malle
pour les épouses des fils de tes fils
mains
aux ongles soignés qui se confondaient
dans le lilas
du lilas favori
Toi ! Enveloppée dans la cape blanche (cadeau

d'une bru) qui se terminait par une écharpe
avec les pieds de jade enfin assortis
aux paupières violettes
aux doigts déjà noirs aux lunules
avec sur les lèvres la fermeté d'une existence
intacte
encore toi dans l'élan d'albâtre
diaphane sarcophage de gentille dame lombarde
réceptacle poussé sur des rails à bout de bras
dans le feu ah ! de naphta
réduit en âcre fumée
petite nuée à peine dénaturée
à mi-hauteur entre la flamme et le poids nul
du corps qui se défait sous nos yeux
(arche sévère après des millénaires ouverte
à l'air) et aussitôt évanoui dans un ultime adieu
de faîtes d'arbres
de géométrie d'hirondelles
de tremblements de mars
alors que avec des gestes de chercheur de pépites
quelqu'un s'emploie à recueillir tes cendres…
Puissent-elles aller à ce fleuve
au grand cours que fut ta vie !
se déverser là où tu te sais attendue

pour que la mutilation ait le sens d'un voyage
oh ! pas de rupture pas définitif
pour nous suggérer un signe un indice
deux signatures enfin réunies
        à partir du lieu (qui nous est inconnu !)
qui a des fenêtres avec vue sur l'infini
comme quand amants tant aimés vous partiez
chercher pour les trois bagaìn[1] un lieu
                                        de vacances
dans les années vingt dans notre prime enfance.[2]

1. Gamins en milanais.

2. *Di certe cose (poesie 1953-2005),* repris dans *Tutte le poesie*, Mondadori, 2020, p. 194-196.

Et elle, qu'aurait-elle dit du pape François et de mon affection pour lui ? Je ne suis sûre que de l'émotion de Marco, qui tentait vainement de la masquer, et de Deborah contente aussi de pouvoir parler en espagnol, leur langue commune, parcourue de nostalgie, sentiment que probablement je nourris pour le pape, car mon regard tombe et s'arrête souvent sur le petit fauteuil vide de sa figure qui le remplissait.

Ce sentiment de culpabilité qui me troublait s'est décanté dans les mois qui ont suivi, jusqu'au jour où, plongée dans la discussion sur un documentaire à faire ou à ne pas faire, j'entends sonner le téléphone.

– Quelqu'un te demande, me dit une personne présente en me tendant l'appareil.

Je me retire dans le couloir et je demande :

– Qui est à l'appareil ?

– C'est moi, François.

C'est la réponse et moi, incrédule, presque tremblante, je reste muette sur le moment. "C'est moi, François". Mon cœur bat à ce prénom et je bégaie quelque chose.

– Oh, oh…

– Comment allez-vous ? demande-t-il.

– Moi, bien, mais vous… votre genou ?

– Mal, mais ma tête fonctionne.

– À moi aussi, mon genou droit me fait mal. Quand nous revoyons-nous ? Vous vous faites opérer ou vous faites seulement des séances de kinésithérapie ?

– On se reverra. Priez pour moi, moi je prie pour vous, Edith.

– Merci, merci, merci, répétais-je en hâte de crainte que la conversation s'arrête là.

– Portez-vous bien, bien. Je vous remercie pour la dédicace de votre recueil de poèmes. Monda vous fera signe et nous nous verrons.

– Merci, ai-je répété sans m'apercevoir qu'il avait raccroché.

Toute bouleversée, je retourne dans le salon en criant :

– C'était le pape ! François. Il a dit "C'est moi, François" et je ne comprenais plus rien.

– Le pape ? François ? Et qu'a-t-il dit ? entendais-je en chœur.

– Je n'en sais rien. Comment je vais ? Son genou et le mien. C'est fou. Il a lu mon recueil de poèmes qu'il a reçu avant même que je ne reçoive mes exemplaires. "C'est moi, François", a-t-il dit et l'émotion, la surprise m'ont étourdie. Il a appelé, il a appelé, il a appelé.

Je m'empresse d'avertir Deborah et je me demande ce qu'en aurait dit ma sœur, sa mère, ma vice-mère depuis mon enfance, à la maison et dans les camps nazis. Ma bouée de sauvetage, répétais-je. Et elle, aurait-elle survécu sans moi ? Qui sait ? C'était une fille exemplaire. Aidant constamment maman. Croyante. Elle priait. La bonne Juive jusqu'au bout, avec le désir d'être enterrée en Terre promise. Moi rebelle dès mon enfance. En colère contre l'injustice du monde. Assoiffée d'amour, de paix, de regards accueillants et de chiens désobéissant aux maîtres qui les excitaient contre moi.

Ma sœur, une vraie héroïne qui a agressé un Allemand pour me défendre : elle était forte, une sauvage, disait maman.

Contrairement à sa fille Deborah, peut-être ne comprendrait-elle pas notre émotion devant le pape François. Elle était soupe au lait, comme maman. Me gronderait-elle ? Je n'ai que le papier auquel tout raconter, comme chaque fois que j'ai besoin de dire ce qui me trouble. Le papier écoute, il est patient, silencieux, généreux, et privé de voix pour celui qui écrit. Il ne parle qu'au lecteur.

Même les Néandertaliens ont laissé des traces d'eux, en dessinant dans les grottes ! Écrire est plus facile que parler. Le papier concède la plus grande liberté même à celui qui ment, et il ne le contredit pas s'il invente ou falsifie l'Histoire.

Comment pouvais-je charger les fragiles épaules du pape et son genou douloureux de siècles de fautes ? Mon père disait que ce qui se produit n'est jamais la faute d'un seul, car les peuples se conforment à qui détient le pouvoir à ce moment : aussi bien aux dictateurs qu'à la foi. Les peuples sont les jouets préférés des puissants, qui en font ce qu'ils veulent. Le destin de la minorité qui désobéit au mal finit mal partout.

Contrairement à maman, papa parlait peu, mais quand il le faisait, tout le monde l'écoutait, bouche bée et yeux écarquillés. Un père partant à travers le monde pour la guerre, comme le pape pour la paix. "Paix" reste un beau mot.

De l'avion à destination de mon pays natal, m'arrive un message du journaliste accompagnateur, qui me demande une lettre adressée au Saint Père. L'émotion m'a submergée de nouveau et je lui écris quelques lignes banales. Le journaliste en réclame une plus longue et je me hasarde à dire :

C'est moi, François

Très cher pape François,

Je vous suis et j'écoute vos paroles fondamentales qui ne peuvent laisser personne indifférent dans ces lieux où le mal dominait. Que Dieu accompagne chacun de vos pas de paix, de coexistence et ouvre les cœurs, les consciences qui manquent encore de limpidité ! J'espère que votre voix et que la chaleur qui en émane rejoignent, touchent et réveillent ce qu'il y a de bon en chacun. Parfois, même dans l'obscurité la plus profonde, la lumière se fraie un chemin. Je le sais et c'est pourquoi je vis et j'espère.
Par mes amis hongrois, j'ai su que vous aviez laissé une trace d'amour derrière vous. Merci d'être et de rester le plus longtemps possible avec nous.

Je vous souhaite le meilleur
et je vous embrasse,
Edith

Il pense peut-être à moi, parce que, en vol, il lit une anthologie, choisie et traduite par moi[1], d'un grand poète hongrois, Miklós Radnóti. Juif converti durant les lois raciales, par conviction, pour avoir la vie sauve ou par amour pour sa femme ? Tout était inutile. Il a fini dans les travaux forcés, dans les mines

1. Miklós Radnóti (1909-1944), traducteur d'Apollinaire et La Fontaine. Antifasciste, il a publié de son vivant de nombreux poèmes, et son dernier recueil, retrouvé dans sa poche, est posthume. Traduit en français par Jean-Luc Moreau, *Marche forcée* (Phébus, 2000), et en italien par Edith Bruck, *Mi capirebbero le scimmie [Les singes me comprendraient]* (Donzelli, 2009). La traduction qui suit est faite à partir de la version italienne d'Edith Bruck.

bosniaques. Et au cours d'une marche vers l'Allemagne, à cause de son extrême faiblesse, à l'approche de l'Autriche, il s'est écroulé, il a été fusillé et jeté dans une fosse commune. En 1946, on a ouvert la fosse et sa femme a pu l'identifier grâce à son imperméable et à sa dernière poésie dans sa poche, où il prévoyait et décrivait sa mort. Le pape dans l'avion a lu certains de ses poèmes, mais lesquels ? Dans les Églogues ? La première ? Le dialogue entre le berger et le poète ?

Première églogue

Quippe ubi fas versum atque nefas :
tot bella per orbem
Tam multae scelerum facies...
Virgile[1]

"Berger"

Il y a si longtemps que je ne te voyais plus,
le chant des merles t'a fait enfin bouger ?

1. *Géorgiques*, Livre 1, v. 505-506. "Ici-bas en effet le juste et l'injuste sont renversés, tant il y a de guerres par le monde, tant le crime revêt d'aspects divers." (Traduction de Maurice Rat, Garnier-Flammarion, 1967, p. 112.)

"Poète"

J'écoute, le bois est plein de bruissements,
c'est déjà le printemps !

"Berger"

Ce n'est pas le printemps, le ciel joue,
regarde la flaque :
maintenant elle sourit, mais si dans la nuit le gel
la transforme en son miroir
elle grimace ! parce que nous sommes en avril,
ne crois jamais au fou,
plus loin, les petites tulipes sont toutes gelées.
Pourquoi es-tu si triste ? Tu ne veux pas
t'asseoir ici sur la pierre ?

"Poète"

Je ne suis même pas triste, je suis habitué
à l'horrible monde
au point que parfois je ne souffre même pas,
j'ai seulement la nausée.

Première églogue

“Berger”

On dit que sur la cime des Pyrénées des gueules
de canons brûlants
répondent parmi les cadavres congelés
dans leur sang,
ours et soldats fuient ensemble ces lieux ;
des armées de femmes
des enfants et des vieillards s’échappent avec
leurs baluchons,
ils s’écrasent au sol quand au-dessus d’eux la mort
commence à rôder, les cadavres sont si
nombreux, personne ne peut les reconstituer

[…]

Ou bien la seconde, “L’aviateur et le poète”. Elles semblent toutes deux concerner notre temps.

Seconde églogue

“Aviateur”

Nous étions bien loin, cette nuit, je riais de colère
comme des essaims de guêpes les chasseurs
bourdonnaient au-dessus de moi
la défense était forte, et combien nous tirions,
mon ami,
quand enfin notre nouvelle escadrille est apparue
à l’horizon.
Encore un peu et je me trouvais là-bas balayé,
mais regarde, je suis revenu ! et demain la vile
Europe
tremble encore et se cache de moi
dans la cave…
Mais laissons tomber, assez ! Tu as écrit hier ?

"Poète"

J'ai écrit. Que pourrais-je faire d'autre ?
Le poète écrit, le chat miaule, le chien aboie
et le petit poisson
tout coquet se vide de son œuf. J'écris tout,
pour toi aussi, pour t'expliquer là-haut
comment je vis,
quand des rangées de maisons vont exploser
et s'écrouler
et la lumière de la lune veinée de sang vacille,
les champs se replient épouvantés,
la respiration s'arrête, le ciel même est saisi
d'une secousse
et les avions continuent à apparaître
et disparaître de nouveau
comme la folie râlante : ils abandonnent tout !
J'écris, que pourrais-je faire d'autre ?
Et si tu savais combien est
dangereux
un poème, combien un vers est délicat,
capricieux,
parce que, vois-tu, cela aussi c'est du courage,
le poète écrit,

le chat miaule, le chien aboie, et le petit poisson
– et le reste… Et toi que sais-tu ? Rien !
tu n'écoutes
que l'avion qui te ronfle dans l'oreille
parce que maintenant
tu ne peux l'entendre ;
ne nie pas, c'est ton ami ! Il a grandi en même
temps que toi.
À quoi penses-tu, pendant que tu voles sur notre
tête ?

"Aviateur"

Ris toujours de moi ! J'ai peur là-haut.
Et nostalgie de ma
maîtresse
je ferme les yeux et je suis en bas, sur un lit.
Ou alors je chantonne en filtrant doucement ma
voix entre mes dents,
dans le chaos sauvage et vaporeux sur le fond
de la cave.
Sinon là-haut, je voudrais descendre ! et dès que
je suis en bas j'ai envie
de voler

je n'ai plus de place dans le monde pétri pour moi.
Et je sais bien que j'ai appris à trop aimer l'avion,
c'est vrai, mais là-haut tous les deux nous
souffrons à l'unisson…
Mais tu le sais déjà ! et tu l'écris et ce ne sera
pas un secret,
moi aussi j'ai vécu en être humain,
moi qui maintenant ne fais
que détruire,
entre ciel et terre sans patrie. Mais, hélas,
qui le comprendra ?…
Tu écris sur moi ?

"Poète"

Si je vis. Et s'il y a encore quelqu'un pour qui écrire.

Pour avoir suivi son itinéraire et entendu prononcer le nom d'un des poètes que j'aime le plus, l'émotion a obscurci la mémoire des vers et je regrette de ne pas lui avoir donné le recueil d'un autre grand poète hongrois que j'ai traduit : Attila József[1]. Peut-être aurait-il lu au moins ce poème :

1. 1905-1937. Plusieurs recueils ont été traduits en français aux Éditions de la Différence, chez Phébus, aux Éditeurs français réunis, au Temps des Cerises, au Seuil. Edith Bruck a conçu et traduit chez Mondadori en 2002 une anthologie, *Poesie (1922-1937)*. Nous traduisons le poème à partir de la version italienne d'Edith Bruck.

"Ce serait si beau de ne pas rendre
coup pour coup"

Quand nous recevons un grand coup
ce serait beau de ne le rendre
ni avec les mains ni avec des mots
s'éclairer avec la lumière du jour
s'endormir avec la nuit
parler de lâches mais jamais ne rendre le
coup.
Me disputer avec mes âmes
même si en vie je suis la paix même.
Une eau cristalline de ruisseau
coule dans le lit de mes veines.
Ma chemise est d'une docile et nette blancheur
et elle n'est que paix en tout lieu
même si je suis le seul à la vivre !...

C'est moi, François

Les rayons du soleil m'élèvent
Dieu baise tous mes visages
et de grands chariots avec leur chargement
s'éloignent de moi
vers le désert.

J'ai encore un autre grand amour, le Péruvien César Vallejo[1] et un de ses chefs-d'œuvre sur la faim d'hier et d'aujourd'hui :

1. César Vallejo (1892-1938). Plusieurs anthologies de ses poésies et proses ont paru en français, notamment au Seuil, chez Seghers, Flammarion, Galilée, P.J. Oswald, aux Éditions du Chat-Lézard, Toutes Latitudes et Delga. Il a été également traduit en italien à partir de 2008. Le titre original est "La rueda del hambriento". La traduction a été réalisée à partir de l'espagnol.

“La roue de l’affamé”

D’entre mes dents mêmes j’expulse en soufflant
la fumée,
en vociférant, en poussant avec effort,
en baissant mon pantalon…
Vide est l’estomac, vides mes boyaux,
la misère m’arrache à moi à travers mes dents
mêmes,
saisi avec une brindille par le poignet
de la chemise.

Une pierre sur laquelle m’asseoir,
il n’y en aura pas au moins une pour moi
maintenant ?
Pas même celle où bute la femme qui a
accouché,

la mère de l'agneau, la cause, la racine,
je n'aurai pas même celle-là ?
Au moins l'autre
qui a traversé mon âme en s'inclinant !
Au moins
la calcaire et la mauvaise (humble océan)
ou celle qui ne sert même plus à ce qu'on la
lance contre l'homme,
celle-là, donnez-la-moi tout de suite !
Au moins celle qu'on trouverait toute seule
et enfoncée dans une insulte,
donnez-la-moi tout de suite !
Au moins la tordue et couronnée, où ne résonnent
qu'une fois les pas des justes consciences,
ou au moins l'autre, qui lancée en suivant une
digne courbe,
tombera ensuite d'elle-même
en tant qu'entrailles sincères,
donnez-la-moi tout de suite !

Je n'aurai même pas un bout de pain ?
Je serai désormais assurément ce que je serai
toujours,
mais donnez-moi
une pierre sur laquelle m'asseoir,

mais donnez-moi
s'il vous plaît un morceau de pain sur lequel
m'asseoir,
mais donnez-moi,
en un mot comme en mille,
quelque chose à boire, à manger, à vivre,
où me reposer,
et après je m'en irai…
Je découvre une étrange forme, j'ai beaucoup
de route
et ma chemise sale
et je n'ai plus rien, c'est horrible.

Quand il est venu chez moi et qu'il m'a réclamé mon poème "L'éducation", encore inédit, et quand il m'a demandé une dédicace sur le livre, j'aurais dû comprendre qu'il aimait la poésie et l'envahir de mes poètes bien-aimés, de ces poèmes qui pour moi, depuis mon enfance, étaient des prières.

Et, par le plus pur des hasards, sans même connaître son nom, je suis tombée amoureuse à jamais d'un poète, Nelo Risi.

– C'est un plombier qu'il t'aurait fallu pour te tenir la main jour et nuit, m'avait-il dit une fois, Dieu sait pourquoi… Je ne peux pas te donner tout l'amour du monde, je ne suis qu'un pauvre poète, accepte-moi avec toutes mes limites.

Ce n'est qu'une fois malade qu'il a toujours voulu, pendant des années, ma main, alors qu'en pleine santé, il aurait eu l'impression d'avoir les menottes. Cher, cher pestiféré, depuis que tu me manques, presque sept années, je n'ai plus jamais écouté de musique. Fais que je puisse écouter de nouveau au moins *La Flûte enchantée*. Ta voix m'avait convaincue de manger de ce poisson, que mon père aimait tant (raison pour laquelle j'avais refusé d'en manger pendant vingt ans), et l'orange à laquelle ma mère ne voulait pas toucher. Elle n'en avait qu'une seule et n'osait presque pas l'effleurer, comme si cela avait été une chose sacrée. Qui sait où et comment papa en avait trouvé une ? Pour des raisons de deuil, je me suis interdit de mettre un seul quartier dans ma bouche, jusqu'à ce que, sur un ton paternel qui n'était pas le tien, avec la douceur du pape François, tu me dises :

– Petite idiote, ma petite fille, assez ! Ouvre ta bouche.

Et je l'ai ouverte à la fois pour le poisson et pour mon premier quartier d'orange.

Je suis trop émotive, je le sais, et toi, peut-être, un agnostique trop rationaliste. Me libérerais-tu de ce vague sentiment de culpabilité pour l'amour que j'éprouve envers un pape qui m'émeut tant ? Et me déboussole trop, par la seule annonce qu'il veut me revoir à la date de la journée de la mémoire, qui pour moi dure toute l'année, ou plutôt tous les jours de ma vie.

Avec Olga, on recommence :

– Qu'est-ce que je me mets ? Qu'est-ce qu'on lui apporte ? Qui sait ce qui lui ferait plaisir ?

Olga prépare un magnifique pain blanc tressé, comme celui de ma mère, la 'hallah pour le vendredi soir, aux dîners de fête, et mon cœur s'emballe.

Je l'enveloppe dans une ancienne serviette brodée. Je lui apporte également mon livre qui vient d'être réédité : *Lettre à la mère*[1]. Tout

1. Ce livre, *Lettera alla madre*, d'abord paru chez Garzanti, en 1988, a été republié en 2022 à La nave di Teseo, et traduit en français par Patricia Amardeil, sous le titre *Lettre à ma mère,* en 2018 chez Kimé.

est bien préparé à l'avance et aussi bien que le pain, le livre semble dans l'attente des mains chaudes de celui qui m'avait dit au téléphone : "C'est moi, François."

Le grand jour est arrivé, grâce au directeur du journal du Vatican, qui nous accompagne à la Résidence Sainte-Marthe, dans un petit salon dépouillé et dominé par une croix dorée et deux tableaux…

L'attente est minime. Je suis assise dans un fauteuil, bien sage et immobile avec mon livre, comme si j'étais à l'école pour un examen. Olga, sur le canapé, avec le pain sur ses genoux, enveloppé dans la toile blanche brodée, et le voici, les bras ouverts comme au Colisée et accompagné du photographe qui capture chaque image de notre énième embrassade, sourire ému, regard lumineux.

L'embrassade est longue et je ne sais si c'est moi qui dois me détacher ou si je dois attendre qu'il se détache, lui, ma barbe à papa. Le directeur du journal jette un coup d'œil circulaire, comme pour contrôler que tout est à sa place.

Le photographe prend un cliché quand le pape salue Olga, puis s'assoit près de moi.

"Qu'est-ce qu'on fait ? Qu'est-ce qu'on dit ? Je lui donne mon livre ?", autant de questions intérieures.

– Comment va votre genou ? lui demandé-je, en me plaignant aussi du mien.

– On m'a fait une IRM, sourit-il, en minimisant le problème.

Il m'interroge sur moi, me félicitant de mon engagement important auprès des jeunes dans les écoles et de toutes mes connexions quotidiennes en visioconférence, partout, même en connexion avec l'étranger. Il me remercie de mon témoignage infini des années noires de la Shoah.

Je lui tends le livre, Olga lui tend le pain et, comme dans un rituel spontané, le pape prend un morceau de la tresse et, dans l'émotion que j'éprouve à voir ce geste que mon père faisait le vendredi soir, je ne me suis pas rendu compte si le petit morceau que j'avais dans la main, c'était moi qui l'avais pris ou lui qui me l'avait donné. Comme dans un rite, nous l'avons porté à la bouche, ensemble. Seul le photographe pouvait capter nos gestes.

Je ne saurais pas même dire d'où avait jailli une grande boîte posée par le pape sur mes genoux. Les bras écartés, à son arrivée, il ne portait rien. Cela semblait un tour de magie.

– Il fait froid, il fait froid, il faut se couvrir, me répète le pape, en m'incitant, du regard, à ouvrir la boîte.

Je me sens de nouveau comme une petite fille, comme quand nous l'attendions à la maison et essayions nos robes devant le miroir et nous demandions :

– Qu'est-ce que je me mets ? Qu'est-ce que je me mets ?

– Il faut se couvrir, répète-t-il. Il fait froid, il fait froid.

Et je commence à dénouer le ruban, à relever le couvercle, le papier de soie et apparaît une écharpe d'un blanc aveuglant, douce, que j'effleure plusieurs fois avant de la déployer. Et quand le pape me la prend sans que je m'en aperçoive et me l'étend sur les épaules comme si c'était le talit de mon père (le châle des hommes à la synagogue), je baisse les yeux et je pleure.

Son visage s'inonde de tendresse, il pose sa main sur la mienne, peut-être a-t-il deviné que je suis en train de penser à mon père, même si son châle était différent, mais c'est son geste délicat qui me le rappelle, ce geste presque rituel, par lequel il me l'a mis.

Comme tout à l'heure le châle invisible, voici qu'apparaît une boîte bleue. Il y a à l'intérieur une médaille en argent.

– Je l'ai reçue à Yad Vashem, à Jérusalem, dit-il.

Se relevant avec peine à cause de son genou douloureux, il m'entraîne avec lui pour la séance photo.

Mes "Merci !" résonnent, mais ma vue déjà faible ne déchiffre pas l'image et les inscriptions sur la lourde médaille.

Après des embrassades répétées et des regards profonds, la fin de la visite semble imminente, quand, soudain, le pape, s'étant approché d'Olga, lui donne un chapelet blanc en perles et un livre. Ce rosaire est maintenant arrivé en Ukraine et pend au cou de Daria, la fille d'Olga, comme s'il avait le pouvoir d'éloigner la guerre.

Il l'interroge sur sa famille en Ukraine et il ajoute, pour la rassurer :

– Je prie pour l'Ukraine, comme s'il devinait par anticipation l'invasion, et la savait même.

Olga le remercie, en ignorant, comme tout le monde, qu'il restait une poignée de jours avant l'invasion russe de l'Ukraine et le voyage des armes. Comme dans un poème de Nelo :

Les armes ont une vie à elles –
elle date d'hier la photo de quatre
paires de chameaux à la traîne
d'un char armé boiteux dans les sables
contre un vert crépuscule de feu
J'ai su ensuite que c'était un Sherman
qui avait fait Naples et Cassino
et les manœuvres en Sardaigne de l'OTAN
puis rétrogradé sur le marché des rues
rien que pour contredire le peuple
et vendu au prix de la ferraille
à un trafiquant de Pavie qui l'a cédé
à Nasser comme neuf
De neuves il avait des chenilles Pirelli
et une tourelle Breda plus légère
La dernière fois il a été vu à Gaza
pattes en l'air dans le désert avec sa coupole

sautée comme le couvercle d'une marmite
Curieusement lui était restée intacte
la boussole de bord
qu'un casque bleu de l'ONU
a aussitôt revendue à un ami
qui partait faire le mercenaire au Katanga
où aujourd'hui à la suite d'une embuscade
elle orne le cou d'un sergent noir
qui[1]...

1. Nelo Risi, *Di certe cose*, in *Tutte le poesie*, op. cit., p. 161-162.

Après les photos avec la médaille, nous retournons à nos fauteuils dans un silence mélancolique, comme si était venu le moment de nous en aller.

Nous nous mettons debout, Olga et moi, et le pape va se relever une fois de plus.

– Non, non, ne vous levez pas ! lui dis-je en le réfrénant et en le retenant vainement avec ma main.

– Je vous raccompagne, répond-il en se mettant en route, pour être bien sûr que vous partiez (ajoute-t-il avec un sourire) sans rien emporter avec vous !

Alors que nous sommes immobiles en haut de l'escalier, il nous lance, sur un ton d'enfant malicieux, en faisant allusion au pain tressé :

– Je suis effronté, parce que celui-là (il montre le pain), je le garde tout entier pour moi !

Et nous, tout heureuses, comme si nous avions gagné un concours et bénéficié d'une visite gratis, attendues par la voiture et le chauffeur du journal du Vatican, encore imprégnées de cette rencontre avec le pape, nous retournons au vide, à la maison.

Olga, comme d'habitude, téléphone à sa fille et à ses petits-enfants à Lviv, pour leur raconter cette nouvelle entrevue.

Moi, mon écharpe sur les genoux, je pense au pape, aux questions que j'aurais voulu ou dû lui poser. Mais lesquelles ? Avec lui près de moi, l'amertume millénaire de mon ADN s'était dissoute dans l'air. L'humanité que dégage son être ne suscite que le meilleur de qui l'approche et dès qu'on le quitte, on a la nostalgie de le revoir. Peut-être suis-je la seule à éprouver cela ? Ou je me trompe ? Ceux qui me connaissent, savent que je sais évaluer le bien et le mal en un clin d'œil. Et le pape

François ressent ce que je ressens et ce qui nous relie, c'est la paix qui règne sur nous.

Et en voici la preuve, le lendemain même de cette visite : l'arrivée d'un album de photos, constitué de ses propres mains, avec le timbre de la poste du Vatican et les images les plus belles choisies par ses yeux. Des images tendres de nous deux, nous embrassant, échangeant les regards de deux êtres humains qui se rencontrent, comme dans la savane, sans mémoire, libérés du passé, chacun avec sa chaîne au cou, lui, sa grande croix noire, moi, ma petite étoile de David en or.

Ce que le pape anticipait, en priant pour l'Ukraine, est la réalité. Les armes russes et celles des pays qui viennent au secours de l'Ukraine sèment partout la mort. Grands et petits, quels qu'ils soient, gisent morts sur les routes, dans les fosses communes, dans les forêts en flammes. Les soldats et les mercenaires, venus de tous les coins du monde, saccagent les maisons, enlèvent, violent les femmes, jeunes et vieilles, les enfants, torturent, attachent les mains, bandent les yeux, dépouillent les cadavres de leurs vêtements, envoient à leurs femmes des colis pleins d'objets de pillage, vont jusqu'à voler des machines à laver. On fait déjà des procès sommaires, les puissants s'accusent mutuellement, discutent à vide, sèment la misère et la faim, les règles n'existent plus. C'est un chaos criminel. Mais qu'est-ce que cette guerre insensée qui se poursuit ?

L'espèce humaine, inutilement dotée de parole, ne se comprendrait même pas si elle ne parlait qu'une langue. Et par surcroît, elle ne s'aime pas. Et pourtant ce monde, cette terre, qui nous est destinée à demi empoisonnée, pourrait encore être récupérable, si l'on mettait un terme à la haine et à l'usage des armes. Mais peut-être que deux chiens qui aboient se comprendraient avant de se mordre. Et les singes ? se demande le poète Radnóti.

"Palmier vociférant"[1]

Sur un palmier vociférant
je prendrais place volontiers
moi qui ai une âme céleste recroquevillée
dans un corps d'argile qui tremble.

Je voudrais m'asseoir sur un palmier
dans un cercle de singes savants
et je laisserais pleuvoir sur moi
comme une brillante averse ce piaillement aigu ;

j'apprendrais leurs complaintes,
nous les chanterions en chœur,

1. *Mi capirebbero le scimmie*, Donzelli, 2009, p. 125.

en nous esclaffant avec stupeur
car le bleu du nez et celui
de leur derrière, c'est du pareil au même.

Au-dessus des palmiers fous rayonnerait
un immense soleil
quand je ressens la honte d'appartenir
à l'espèce humaine ;
les singes me comprendraient
par réaction ils sont encore sains,
peut-être que si l'on vivait ensemble
j'obtiendrais même en sort
la clémence d'une belle mort.

Le 91e jour de la guerre, le pape François tient difficilement debout, ou dans son fauteuil roulant et continue à invoquer la paix en Ukraine. Pendant que je "fête" mon 91e anniversaire, voici qu'il n'oublie pas de me téléphoner. Je me lève, je cours dans le couloir en devinant que c'est lui ! "Lui", me dit la voix du chœur.

– C'est lui, c'est lui !

J'avertis mes quelques invités qui restent muets.

– C'est moi, François, tous mes vœux, tant de belles choses !

– Oh merci ! Je suis heureuse. Comment allez-vous ? Et votre genou ?

– Mon genou va mal, mais la tête fonctionne. Et vous, Edith ?

– Quand nous voyons-nous ? Je sais que vous êtes très occupé, mais j'ai de la nostalgie et…

– J'informerai Monda. Priez pour moi. Je prie pour vous. Dieu vous bénisse.

– Merci, merci.

– Qu'a-t-il dit ? me demande tout le monde à l'unisson. Quand vous reverrez-vous ?

– Je ne sais pas. Je ne sais pas. C'est déjà beaucoup qu'il n'ait pas oublié mon anniversaire. C'est incroyable. Comment peut-on ne pas l'aimer ? Ne pas invoquer la paix avec lui ?

– Paix, paix, paix, crient-ils en chœur, en applaudissant même, pour dissiper mon émotion.

– À la santé du pape, à la fin de la guerre, à la santé de ce monde malade ! lançons-nous tous ensemble, debout pour ce toast.

POSTFACE DE NOEMI DI SEGNI

Ce livre d'Edith, *C'est moi, François*, se lit d'une traite, comme la plupart des autres, en nous faisant participer à son dilemme et aux tourments qui accompagnent une vie si chargée d'un sens du devoir – devoir de mémoire, devoir de cohérence, devoir de fille, devoir de Juive, devoir de femme, devoir de paroles de paix. Devoirs auxquels, au fond de son cœur, malgré le poids du passé et son visage obscur, correspond un sens de pacification avec l'existence menée et avec les choix qu'elle a faits, d'orgueil pour une culture et une langue qui coule dans ses entrailles et qui nous est racontée en italien. Dans un style simple, direct, ironique même. Nous avons le cœur pénétré de ce désir de semer la paix à travers un inlassable dialogue avec les jeunes.

De la porte de la maison à la porte du cœur. Dans les quelques pas que l'on fait dans un salon étroit pour s'acheminer jusqu'à son salon meublé de blanc, toujours décoré de fleurs parfumées, le pape a saisi lui aussi l'essence de ce lieu qui contient tout un monde et une façon de penser. À travers les mots et les questions perplexes qu'Edith se pose à plusieurs reprises sur sa rencontre personnelle avec le pape, nous nous rendons compte combien est millénaire et complexe l'histoire des relations entre judaïsme et christianisme ou Église catholique. Le mot "faute" comme emblème de ce raisonnement existentiel et relationnel avec celui qui représente la plus haute autorité religieuse – sa, ou notre, faute d'être nés Juifs que nous avons subie en tout temps et en tout lieu, la haine et la honte, la faute du monde catholique pour les persécutions engendrées par la théologie antijuive, l'antisémitisme moderne greffé sur cette culture capillaire de la haine antijuive, les massacres et l'extermination dans la Shoah, perpétrés par ceux qui étaient de foi catholique, les silences du Vatican à déchiffrer ou à confesser. Juste est ton Doute, Edith, ainsi que Tes questions, en même temps de Toi, de tous les survivants et de nous, les descendants, sur la manière d'interpréter aujourd'hui un geste d'affection, une main tendue, la requête d'un pardon, faite par le pape à la première personne. Qui le demande à qui et pourquoi aujourd'hui ? L'ouverture des archives du Vatican est une autre porte du passé qui s'ouvre vers l'avenir et à travers laquelle nous essayons de faire nouvellement passer les exigences de cohérence, de rigueur et les prises de responsabilité, à travers l'engagement de chercheurs patentés. Le pape François a voulu et concédé ce parcours et là aussi il faut du courage pour traverser des couloirs d'archives et des couloirs mentaux pour atteindre un salon éclairé par l'espoir, surtout pour les générations futures.

Être juif ne se vit pas avec légèreté et la religion n'est pas seulement une part de notre intimité spirituelle, mais un parcours qui dure des millénaires dont chacun est partie intégrante et chacun transmet une parcelle d'histoire, avec un sentiment d'orgueil, certes non de faute, en choisissant de s'adresser à D..u, l'un avec la prière rituelle, l'autre avec une lettre, l'autre encore dans le silence, l'autre enfin dans le chœur qui s'élève dans nos synagogues. C'est se savoir partie intégrante de tout un monde, devant le défi du vivre-ensemble. Edith, avec ses mots, ses questions, ses lettres à sa mère et à notre D..u commun, nous transmet, tous les jours, une grande leçon de judaïsme faite de vie, de précepte de mémoire et désir de paix. Je ne réponds qu'en partie à ses doutes et à ma manière au titre qu'elle a choisi : "C'est toi, Edith."

Noemi Di Segni
présidente de l'Union
des Communautés Juives Italiennes.

Les Éditions Points s'engagent pour la protection de l'environnement et une production française responsable

Ce livre a été imprimé en France, sur un papier certifié issu de forêts gérées durablement, chez un imprimeur labellisé Imprim'Vert, marque créée en partenariat avec l'Agence de l'eau, l'ADEME (Agence de l'environnement et de la maîtrise de l'énergie) et l'UNIIC (Union nationale des industries de l'impression et de la communication).

La marque Imprim'Vert apporte trois garanties essentielles :

- La suppression totale de l'utilisation de produits toxiques
- La sécurisation des stockages de produits et de déchets dangereux
- La collecte et le traitement de produits dangereux

RÉALISATION : NORD COMPO À VILLENEUVE-D'ASCQ
IMPRESSION : IMPRIMERIE NORMANDIE ROTO
DÉPÔT LÉGAL : MARS 2024. N° 155225 (2400448)
IMPRIMÉ EN FRANCE